Nouvelle Édition

**Alain TRUCHOT et Michel MERIOT**

# LE GUIDE
# DE FORMATION MUSICALE

* 1re année : Débutant I (I.M.I)
2e année : Débutant II (I.M.II)
3e année : Préparatoire I (I.M.III)
4e année : Préparatoire II
5e année : Elémentaire I
6e année : Elémentaire II
7e année : Moyen
8e année : Fin d'études
9e année : Supérieur

## AVANT-PROPOS

L'ouvrage que nous vous proposons en neuf recueils a été élaboré d'après les normes pédagogiques du Ministère de la Culture et de la Fédération Nationale des Unions de Conservatoires de Musique (F.N.U.C.M.U.). Sa particularité se trouve dans le fait qu'il est, à notre connaissance, le premier à grouper dans chacun des différents recueils tous les éléments nécessaires à la connaissance de la musique.

- LA THÉORIE : un minimum indispensable.
- LA LECTURE : verticale, horizontale, mélange des clés.
- LE RYTHME : exercice dans lequel des questions seront posées.
- LE CHANT : exercice dans lequel des questions seront posées.
- LA FORMATION AUDITIVE : dictée.

Précisons, pour le premier recueil, que les exercices chantés ne sont accompagnés au piano qu'à partir de la 18e leçon; cela, pour permettre à l'élève de s'affirmer vocalement sans être perturbé par l'accompagnement.

Signalons enfin, que des dictées sont situées à la fin de chaque page et en rapport avec la leçon du jour pour faciliter le travail du professeur, qui peut, néanmoins, la remplacer par une autre de son choix.

EDITIONS
COMBRE
DEPUIS 1919

27, Boulevard Beaumarchais • 75004 PARIS - France

IMPRIME EN ITALIE PRINTED IN ITALY

# SOMMAIRE

## NOTE EXPLICATIVE

Avant la première leçon, nous présentons ci-dessous un tableau comportant les signes principaux pour l'étude de la musique afin que l'élève se familiarise avec les différentes figures, même si certaines ne font pas l'objet d'une étude immédiate.

### TABLEAU

**La portée :**
elle se compose de
5 lignes et de 4 interlignes.

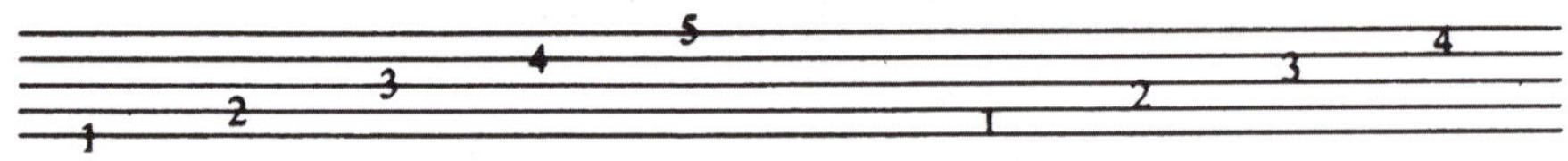


**Les clés :** les clés servent à donner le nom aux notes.
Clé de Sol : 𝄞 - Clé de Fa : 𝄢 - Clé d'Ut - au début, nous n'étudierons que la clé de Sol.

**Les 7 noms de notes :**

**Les 7 figures de notes :**

et les

**7 figures de silences** correspondants :

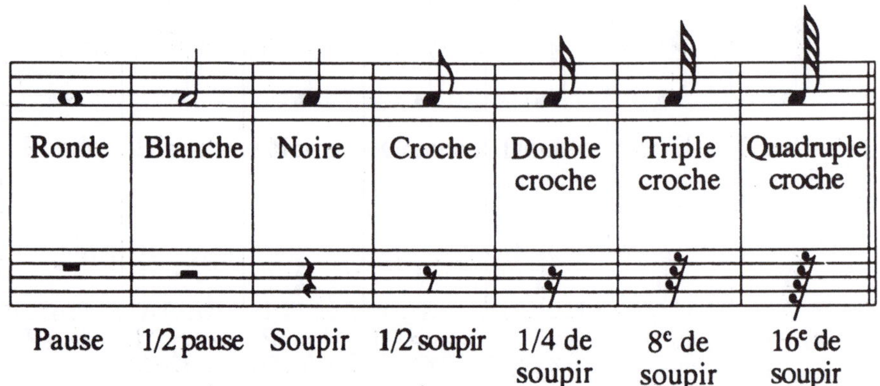


**Les altérations : Le dièse** : ♯ , le **bémol** : ♭ , le **bécarre** : ♮.

**Les chiffres indicateurs de mesure** : $\frac{2}{4}$ - $\frac{3}{4}$ - $\frac{4}{4}$ - $\frac{6}{8}$ - $\frac{9}{8}$ - $\frac{12}{8}$ etc.

Les chiffres placés au début de la portée, après la clé, ont pour but d'indiquer les mesures qui vont suivre.

*Exemple :* $\frac{2}{4}$ Le chiffre du haut indique le nombre de valeurs de note dans la mesure.
Le chiffre du bas représente une valeur de note.

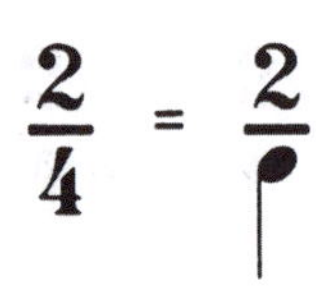

**Les chiffres du bas :**

Le **1** représente la **Ronde** ( 𝅝 ) *l'unité*

Le **2** représente la **Blanche** ( 𝅗𝅥 ) *(il en faut 2 pour une* 𝅝*)*

Le **4** représente la **Noire** ( ♩ ) *(il en faut 4 pour une* 𝅝*)*

Le **8** représente la **Croche** ( ♪ ) *(il en faut 8 pour une* 𝅝*)*

**La liaison** :

**Le point** : le point placé après une note : 𝅗𝅥. - ♩.

**Les nuances** : *p* *mp* *mf* *f* *ff*

# LE GUIDE DE FORMATION MUSICALE

**Alain TRUCHOT** **Michel MÉRIOT**

**1re LEÇON**

## THÉORIE

**LA PORTÉE** : C'est la réunion de cinq lignes

*Exemple :*

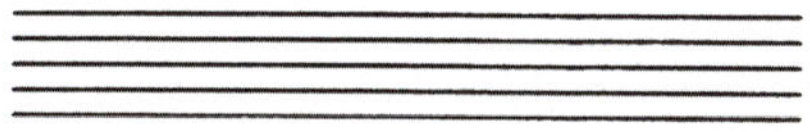

Les notes se placent sur les lignes et entre les lignes *(ou interlignes)*.

*Exemple :*

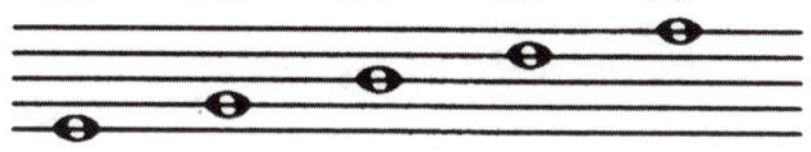


*(Sur les lignes)*

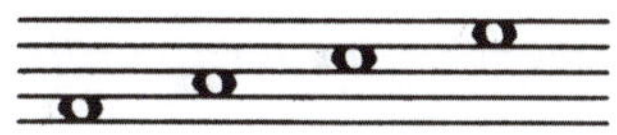


*(Entre les lignes)*

Le nom des notes est donné par la clé placée au début de la portée.

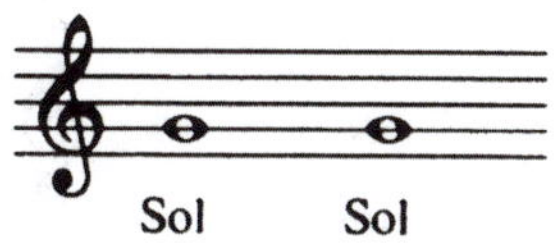


Cette clé se nomme **Clé de sol**.

**LA GAMME** :

## LECTURE

*(1res notes) :* **Sol - Do**

1 -

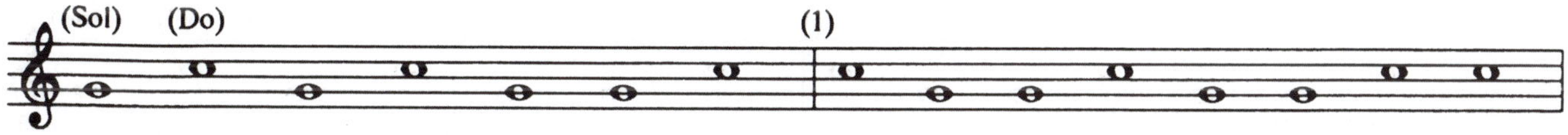


*(nouvelle note) :* **La**

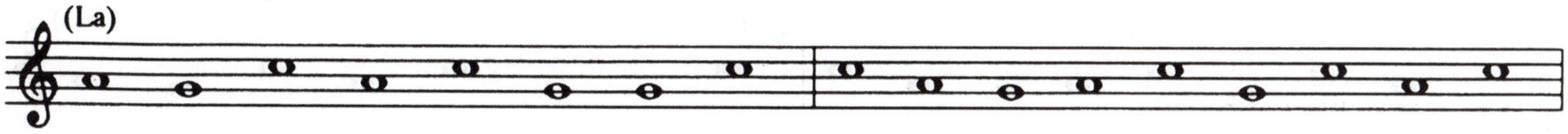


## FORMATION AUDITIVE

Pour cette 1re leçon, le professeur pourra faire chanter les trois notes ci-dessous, les donner en dictée et éventuellement les faire copier.

2 -

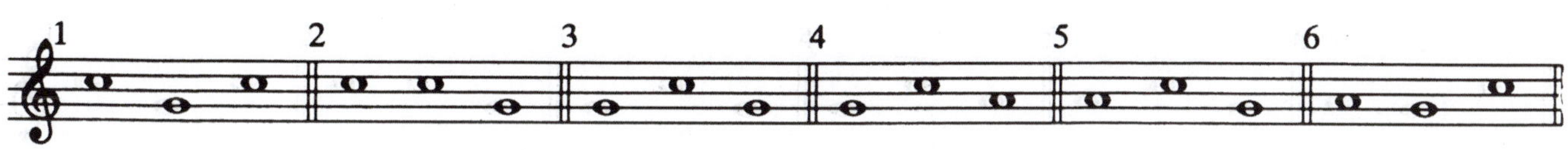


(1) *Cette barre sert de point de repère et n'a pas d'autre signification.*

## ÉTUDE DE LA BLANCHE : 𝅗𝅥 ET DE LA NOIRE : ♩ 

**2e LEÇON**

### THÉORIE

Chaque pulsation correspondra à la noire, il en faudra deux pour une 𝅗𝅥

Dès les premières leçons, il serait souhaitable que l'élève pratique la copie musicale en reproduisant, par exemple, l'exercice de lecture *(ou de rythme par la suite)*, sur son cahier de musique.

### LECTURE

1 -

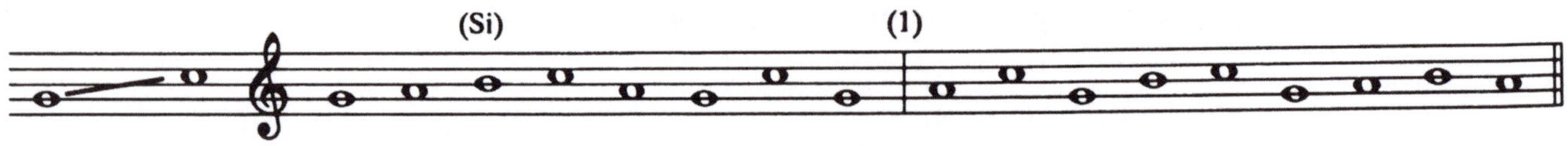


*(La lecture des notes se fera indifféremment en rondes, blanches, noires etc.)*

### RYTHME

Un geste *(ou pulsation)* par ♩

2 -

### INTONATION

*(non mesurée)*

Jouer l'exercice ci-dessous plusieurs fois puis le faire chanter aux élèves en faisant un geste par note.

3 -

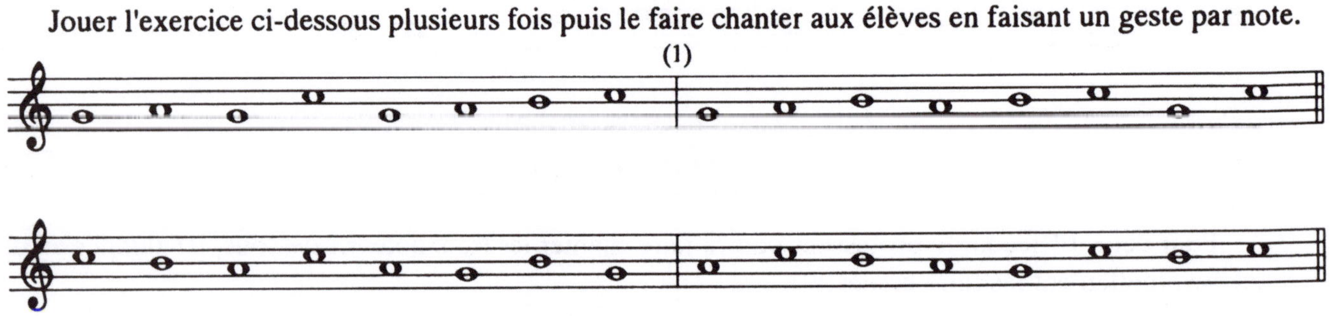


### FORMATION AUDITIVE

4 -

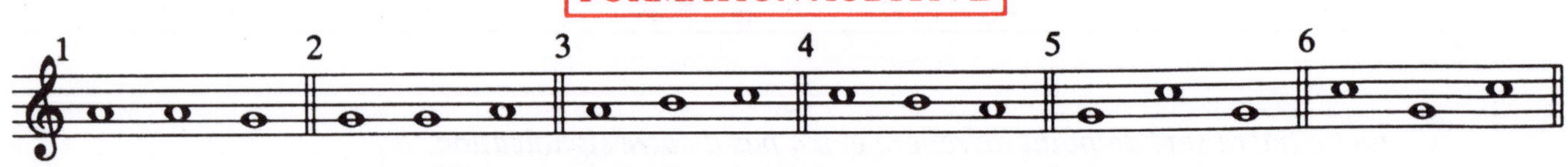


(1) *Cette barre sert simplement de point de repère et n'a pas d'autre signification.*

## LA MESURE

**3^e^ LEÇON**

### THÉORIE

La mesure est la division en parties égales ou inégales d'un morceau de musique. Cette division se fait à l'aide de petites barres verticales appelées "**barres de mesure**".

La mesure se trouve donc entre deux barres. *Exemple :* 

La mesure à $\frac{2}{4}$ *(1^er^ temps en bas, 2^e^ en haut)*

 *(2 noires ou 1 blanche par mesure)*

1 - 

### RYTHME

Rythme employé 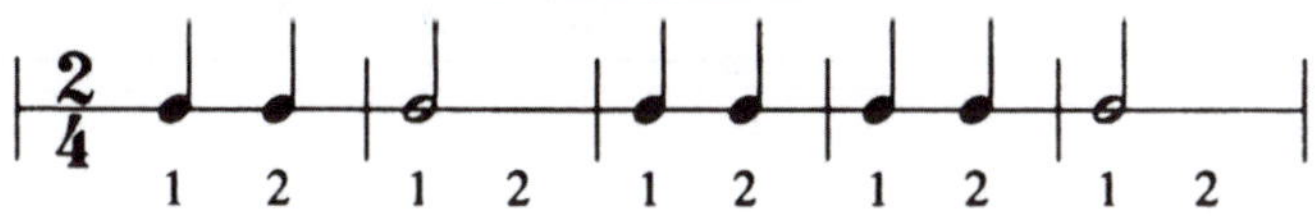

etc. 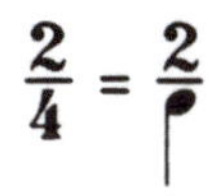

Travailler l'exercice n° **2** par pulsation puis avec la battue traditionnelle lorsque les barres de mesure seront placées.

Lorsqu'un morceau de musique est terminé, mettre une double barre.

2 - 

Tout ce qui fera l'objet d'un travail écrit devra être fait au crayon.

### INTONATION

*(non mesurée)*

Même procédé qu'à la page précédente.

3 - 

### FORMATION AUDITIVE

4 - 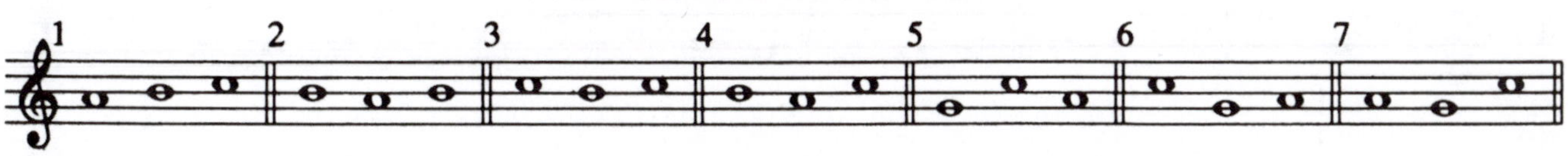

**EXERCICES** **4^e^ LEÇON**

## THÉORIE

Il est recommandé à l'élève de prendre l'habitude de lire les notes avec régularité dès le début des études et cela, quelle que soit la rapidité de la lecture. C'est le seul moyen d'arriver à une parfaite maîtrise.

## LECTURE

1 -

## RYTHME

Solfier par pulsation, puis en battant la mesure après avoir placé les barres.

2 -

## INTONATION

3 -

## FORMATION AUDITIVE

4 -

**EXERCICES** **5e LEÇON**

## THÉORIE

Les notes peuvent se placer en dehors de la portée, dans ce cas, on ajoute des petites lignes supplémentaires.

*Exemple :*

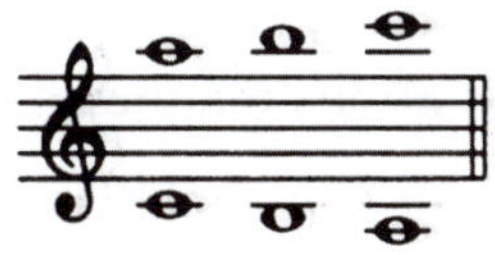

## LECTURE

A partir d'ici, l'élève connaîtra toutes les notes de la gamme.

1 -

## RYTHME

Solfier par pulsation, puis en battant la mesure après avoir placé les barres.

2 -

## CHANT

*(mesuré)*

*(La virgule est un signe de respiration)*

3 -

## FORMATION AUDITIVE (1)

4 -

(1) Les exercices de formation auditive pourront également être chantés mais après la dictée.

**LES SILENCES** **6e LEÇON**

## THÉORIE

Nous avons étudié deux figures de notes : la blanche ( 𝅗𝅥 ) et la noire ( ♩ ).
Nous allons maintenant faire connaissance avec leurs silences.

Pour la blanche, la 1/2 pause : 𝄼 pour la noire, le soupir : 𝄽

*(mise en pratique au n° 2)*

## LECTURE

1 -

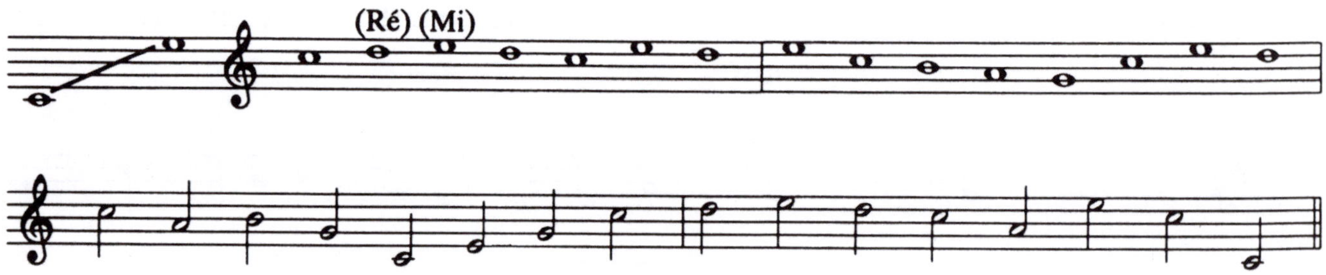


## RYTHME

2 -

Placer les barres de mesures

## CHANT

3 -

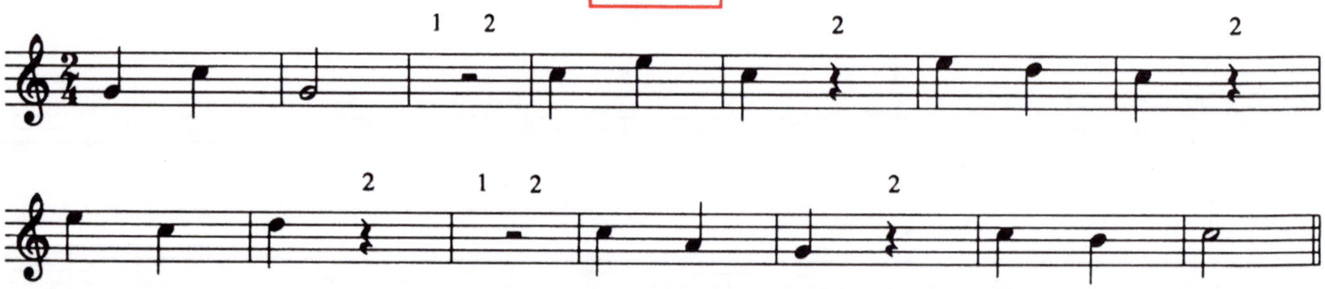


## FORMATION AUDITIVE

4 -

## LES NUANCES



### THÉORIE

A partir de cette 7e leçon, nous allons mettre en pratique les signes de nuances dans les exercices chantés.

*Exemples :* ***p*** = piano *(faiblement)*
***mf*** = *(moyennement fort)*
***f*** = *(fort)*
***ff*** = *(très fort)*

*Crescendo : en augmentant*

*Decrescendo : en diminuant*

### LECTURE

1 -

*(Lecture verticale)*

*(tierces)* *(secondes)*

2 -

### RYTHME

Solfier par pulsation puis en battant la mesure après avoir placé les barres

3 -

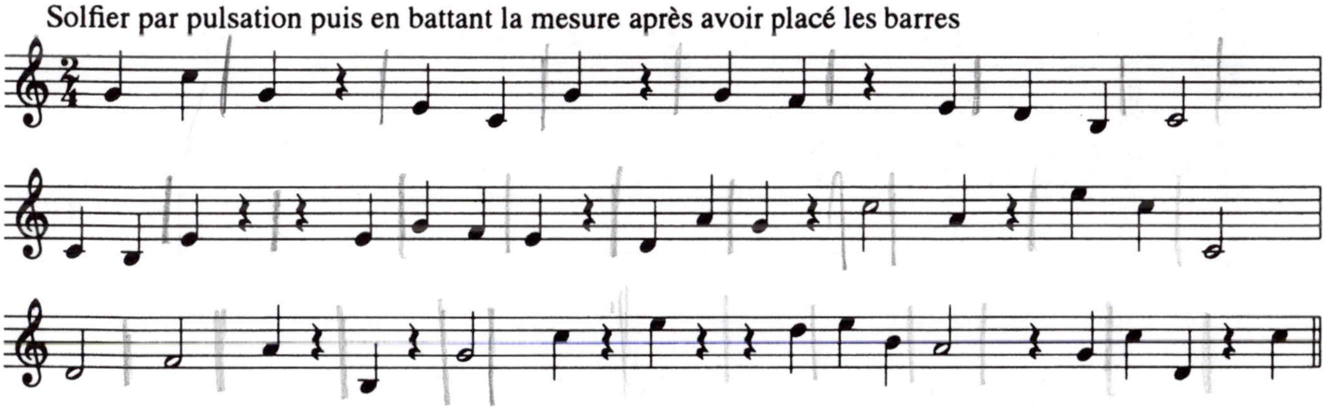

### CHANT

*(avec les nuances)*

4 -

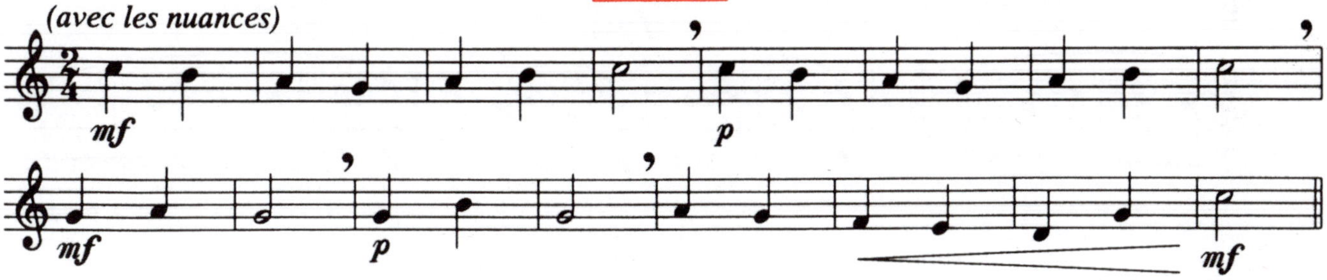


### FORMATION AUDITIVE

5 -

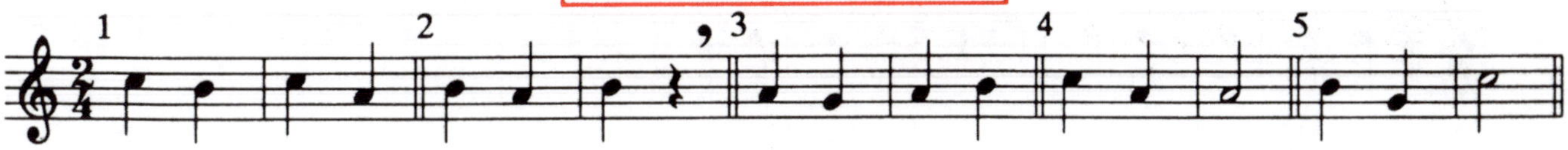

## LA LIAISON

**8e LEÇON**

### THÉORIE

La liaison est une courbe ⁀ ou ‿ qui, partant d'une note, pour en rejoindre une autre de même nom, permet de ne pas répéter cette dernière.

*Exemple :*  En dehors de cette liaison de note à note, il existe la liaison de phrasé, c'est-à-dire qui englobe toute une phrase *(voir les 4 premières mesures du n°* **4***).*

### LECTURE

1 - 

Lecture verticale *(mélange)*

2 - 

### RYTHME

3 - 

### CHANT

4 - 

### FORMATION AUDITIVE

5 - 

## LA MESURE À 3 TEMPS

**9e LEÇON**

### THÉORIE

Etude de la mesure à 3 temps 

Etude du point placé après la note (𝅗𝅥·)

Le point placé après une figure de note l'augmente de la moitié de sa valeur : 𝅗𝅥. = 𝅗𝅥‿♩

$\frac{3}{4}$ 𝅗𝅥. = 𝅗𝅥‿♩ *(équivaut à la durée de* ♩ ♩ ♩ *ou* ♩ 𝅗𝅥*)*

### LECTURE

1 - 

Lecture verticale *(quartes)*

2 - 

### RYTHME

3 - 

### CHANT

4 - 

### FORMATION AUDITIVE

5 - 

## LA GAMME

**10e LEÇON**

### THÉORIE

La gamme est une succession de notes conjointes.
Elle est composée de tons et de 1/2 tons.
Le ton, c'est la plus grande distance entre deux notes voisines.
Le 1/2 ton, c'est la plus petite distance entre deux notes voisines.

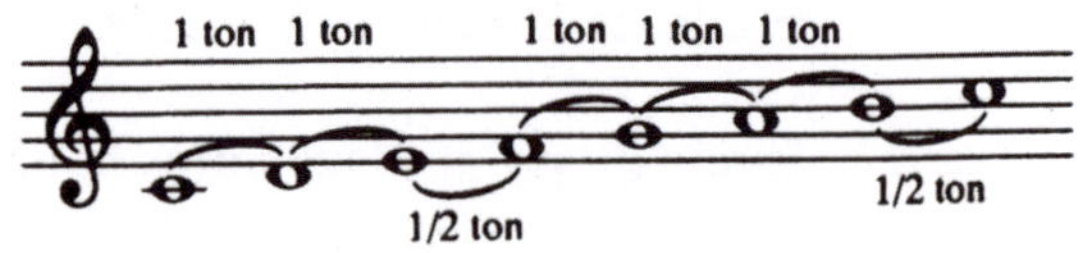


*Dans la gamme, deux notes ont une grande importance : la 1re (tonique) et la 5e (dominante).*

Quelle que soit la gamme, les 1/2 tons se situent toujours entre les 3e et 4e degrés *(ou notes)* et entre les 7e et 8e d'une gamme Majeure.

### LECTURE

1 -

Lecture verticale *(mélange)*

2 -

### RYTHME

3 -

Placer les barres de mesure ci-dessous et souligner les 1/2 tons.

4 -

### CHANT

5 -

### FORMATION AUDITIVE

6 -

## MOUVEMENTS CONJOINTS ET DISJOINTS



### THÉORIE

Lorsque 2 notes sont voisines, elles sont conjointes.
Lorsque 2 notes ne sont pas voisines, elles sont disjointes.

*Exemple :* Notes conjointes :  Notes disjointes : 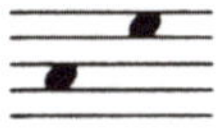

### LECTURE

1 - 

Lecture verticale *(quintes)*

2 - 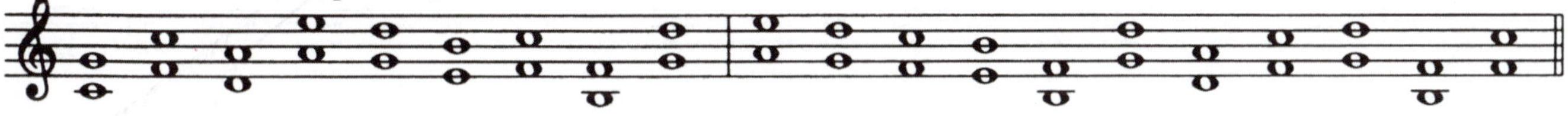

### RYTHME

3 - 

Placer les barres de mesure ci-dessous et indiquer les mouvements conjoints.

4 - 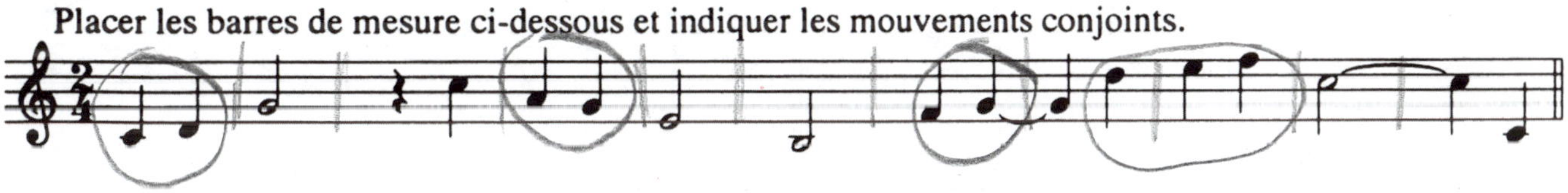

### CHANT

5 - 

### FORMATION AUDITIVE

6 - 

## ETUDE DE LA CLÉ DE FA 4e 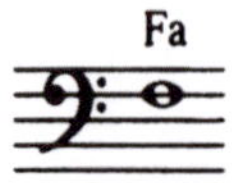


**12e LEÇON**

### THÉORIE

La clé de Fa 4e sert aux voix et instruments graves, elle prend le relais de la clé de Sol, pour les notes graves afin d'empêcher un trop grand nombre de lignes supplémentaires en dessous de la portée.

Etude du point d'orgue 𝄐 , il se place sur une note

Etude du point d'arrêt 𝄑 , il se place sur un silence ou sur une barre de mesure.

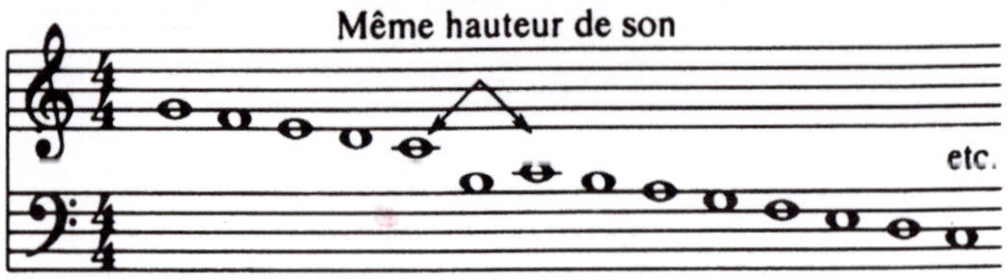


### LECTURE

1 - 

*(Lecture en clé de Fa 4e ligne)*

2 - 

### RYTHME

3 - 

### CHANT

4 - 

### FORMATION AUDITIVE

5 - 

## LES INTERVALLES

**13e LEÇON**

### THÉORIE

L'intervalle, c'est la distance qui sépare 2 notes. Il existe 7 intervalles simples.

*Abréviations :*

| Seconde | Tierce | Quarte | Quinte | Sixte | Septième | Octave |
|---|---|---|---|---|---|---|
| (2de) | (3ce) | (4te) | (5te) | (6te) | (7e) | (8ve) |

Dans l'exercice rythmique n° **3**, indiquer le nom des intervalles soulignés en abrégé : 2 pour Seconde, 3 pour Tierce, 4 pour Quarte etc.

### LECTURE

1 -

2 -

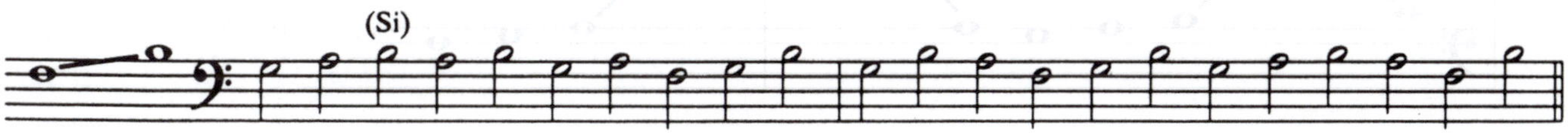


### RYTHME

Indiquez le nom des intervalles soulignés *(en abrégé)*

3 -

### CHANT

4 -

### FORMATION AUDITIVE

5 -

## LA MESURE À 4 TEMPS

**14e LEÇON**

### THÉORIE

Après les mesures à $\frac{2}{4}$ ($\frac{2}{♩}$) et $\frac{3}{4}$ ($\frac{3}{♩}$), voici $\frac{4}{4}$ ($\frac{4}{♩}$). La mesure à 4 temps se bat comme ceci :

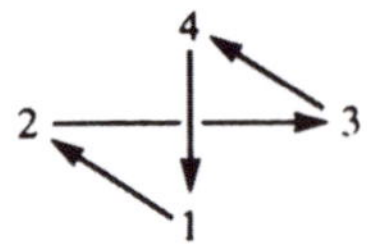


Dans cette mesure, la ronde vaut 4 temps, son silence sera la pause. 

### LECTURE

1 - 

2 - 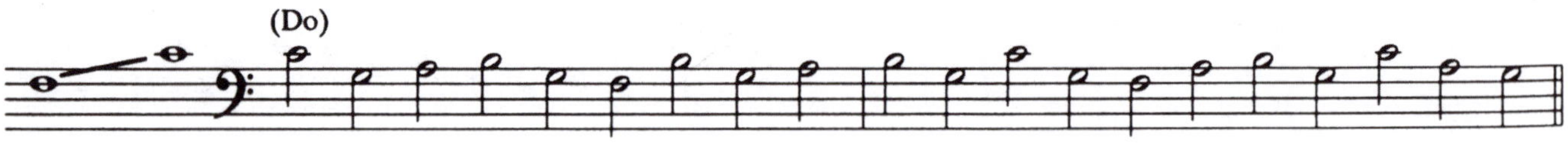


3 - 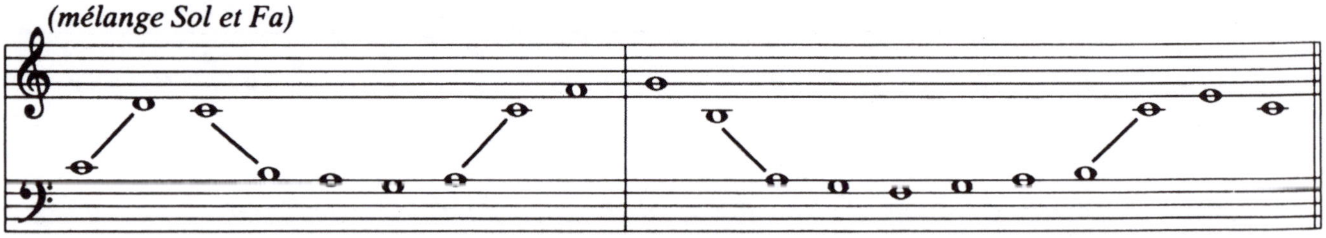


### RYTHME

Quelle que soit la mesure, le 1er temps se situe toujours après la barre.

4 - 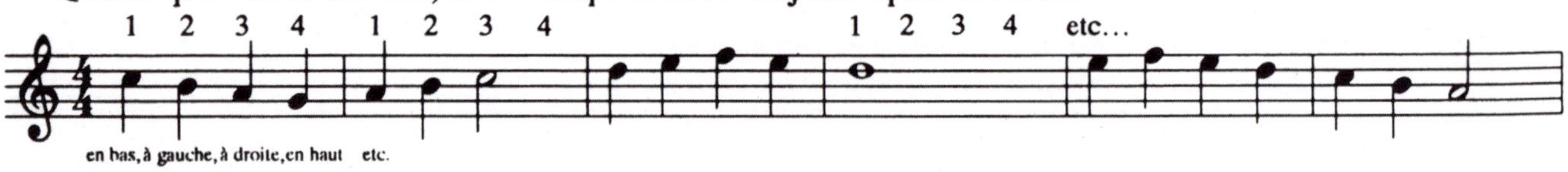

### CHANT

5 - 

### FORMATION AUDITIVE

6 - 

## TEMPS FORTS, TEMPS FAIBLES

**15e LEÇON**

### THÉORIE

Les Temps forts sont les 1ers de chaque mesure ainsi que le 3e de la mesure à 4 temps.

Les Temps faibles étant tout naturellement les 2e des mesures à 2 temps, les 2e et 3e des mesures à 3 temps, les 2e et 4e des mesures à 4 temps.

### LECTURE

1 -

2 -
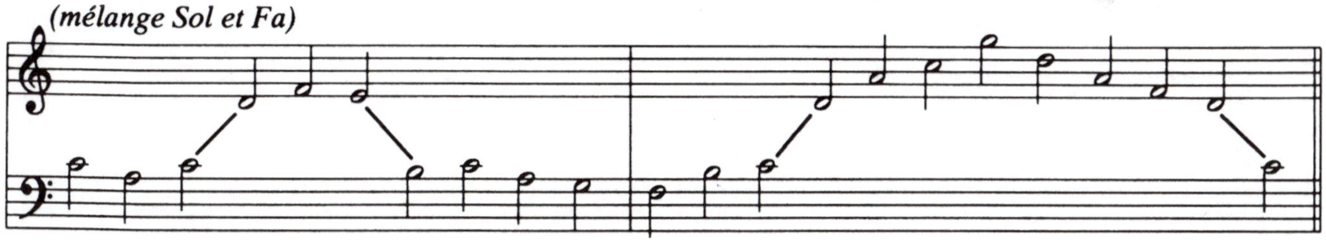


### RYTHME

3 -

### CHANT

4 -

### FORMATION AUDITIVE

5 -

## RÉCAPITULATION

**16e LEÇON**

### THÉORIE

Questions sur l'ensemble des différents éléments appris *(Rythme sur les mesures à* $\frac{2}{4}$ $\frac{3}{4}$ $\frac{4}{4}$*)*

Tous les morceaux n'ont pas la même "vitesse" de mouvement; il y a des mouvements lents, moderés et vifs.

A ce stade des études, nous en emploierons 3 : **Andante, Moderato, Allegro**.

**Andante** *(allant)* **Moderato** *(modéré)* **Allegro** *(décidé)*

### LECTURE

1 -

Lecture verticale *(mélange)*

2 -

3 -

### RYTHME

Solfier par pulsation et par la battue traditionnelle après avoir placé les barres.

4 -

### CHANT

Moderato ♩ = 84

5 -

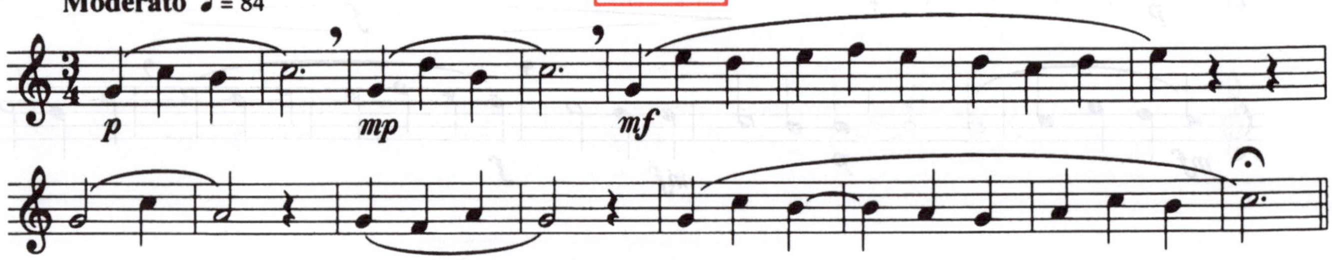


### FORMATION AUDITIVE

6 -

## LA SYNCOPE, LE CONTRETEMPS

**17e LEÇON**

### THÉORIE

La syncope est un son partant d'un temps faible et se prolongeant sur un temps fort alors que le contretemps ne se prolonge pas. *(voir exercice N° 2)*

### LECTURE

1 -

Différence entre la syncope et le contretemps
*(Le professeur fera entendre cette différence)*

2 -

### RYTHME

3 -

### CHANT

4 -

### FORMATION AUDITIVE

5 -

## LA CROCHE

**18e LEÇON**

### THÉORIE

Après la blanche et la noire voici la croche ♪.

Il en faut deux pour une ♩, quatre pour une 𝅗𝅥, huit pour une 𝅝.

Lorsque plusieurs croches se suivent, écrire ceci ♫ au lieu de cela ♪♪ *(Exercices n°* **4** *et* **5***)*

### LECTURE

1 -

Lecture verticale *(mélange)*

2 -
3 -

### RYTHME

4 -

5 -

## CHANT

## FORMATION AUDITIVE

## EXERCICES

**19e LEÇON**

### THÉORIE

Nous rappelons aux élèves qu'ils doivent pratiquer la copie musicale, c'est une gymnastique pour l'œil ainsi qu'un travail d'application.

L'élève devra compléter les mesures ci-dessous par des silences à chaque emplacement du signe x.

1 - 

### LECTURE

2 - 

*(mélange Sol et Fa)*

3 - 

### RYTHME

Solfier par pulsation puis par la battue traditionnelle après avoir placé les barres.

4 - 

## CHANT

5 -

## FORMATION AUDITIVE

6 -

## ETUDE DE LA NOIRE POINTÉE CROCHE : ♩. ♪ (♩‿♫)

**20e LEÇON**

### THÉORIE

Quelle différence y a-t-il entre les 2 premières mesures et les 3e et 4e de l'exercice n° **6** ?

1 -

### LECTURE

2 -

3 -

4 -

### RYTHME

5 -

6 -

(1) Deux manières d'écrire un même rythme

## CHANT

7 -

## FORMATION AUDITIVE

8 -

## EXERCICES



### THÉORIE

Dans l'exercice rythmique (*n°4*), indiquer le nom des intervalles soulignés en abrégé : 2de pour seconde, 3ce pour tierce, 4te pour quarte, 5te pour quinte, 6te pour sixte, 7e pour septième, 8ve pour octave.

Dans l'exercice chanté n° **5**, montrez un signe de crescendo ainsi qu'un point d'orgue.

### LECTURE

1 -

*(Lecture verticale)*

2 -
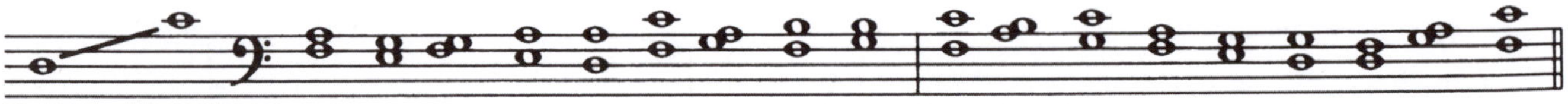

*(mélange Sol et Fa)*

3 -

### RYTHME

4 -

## CHANT

5 -

## FORMATION AUDITIVE

6 -

## LE TRIOLET *(3 notes)*

**22e LEÇON**

### THÉORIE

Le Triolet est la division ternaire d'une figure de note 

Trois croches en triolet auront la même durée que 2 croches simples, ce groupe de 3 notes sera accompagné d'un petit 3.

Dans l'exercice chanté n° **5**, montrer un signe de decrescendo.

### LECTURE

1 - 

2 - 

3 - 

### RYTHME

*(Récapitulation)*

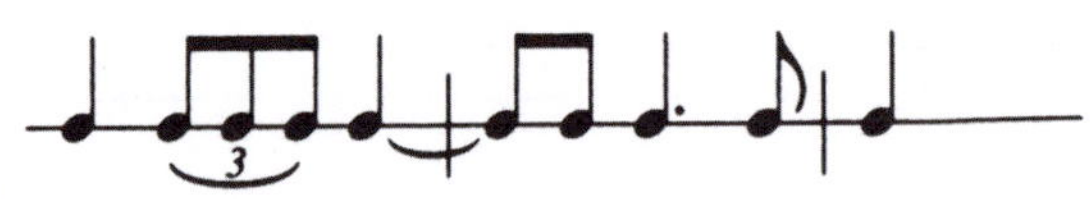

4 - 

## CHANT

## FORMATION AUDITIVE

## LES ALTÉRATIONS



### THÉORIE

Le **Dièse** : ♯ qui sert à élever le son de la note

Le **Bémol** : ♭ qui sert à abaisser le son de la note

Le **Bécarre** : ♮ qui annule l'effet du ♯ et du ♭

Il y a 2 manières de placer les altérations : celles qui se trouvent devant les notes que l'on nomme "Altérations accidentelles" et celles situées au début de la portée, après la clé, que l'on nomme "Armure".

Etude du ♯ 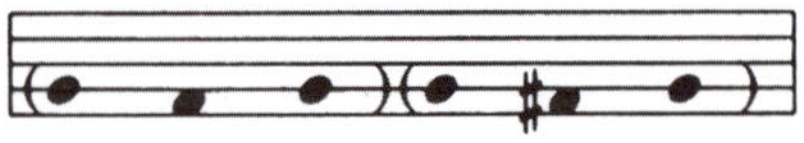 Etude du ♭ 

Faire écouter les différences.

### LECTURE

1 -

2 -

### RYTHME

*(Récapitulation)*

3 -

## CHANT

## FORMATION AUDITIVE

## RÉVISION GÉNÉRALE

**24e LEÇON**

### THÉORIE

A la fin d'un morceau, lorsque l'on rencontre "**D.C.**" **DA CAPO** cela signifie qu'il faut repartir "Du Commencement" *(voir exercice chanté page 32)* et terminer au mot "FIN"

D'autre part, dans le courant d'un morceau, le mouvement peut changer, soit en rapidité, soit en lenteur : dans ce cas, une indication s'impose.

Voici 3 termes couramment employés :

| | | |
|---|---|---|
| **Ritenuto** | *(en retenant)* | *Rit...* |
| **Rallentando** | *(en ralentissant)* | *Rall...* |
| **Accelerando** | *(en pressant)* | *Accel...* |

Après avoir ralenti ou accéléré et que l'on veut revenir au mouvement, il convient d'indiquer : **Tempo** *(T° en abrégé)*

### LECTURE

1 - 

2 - 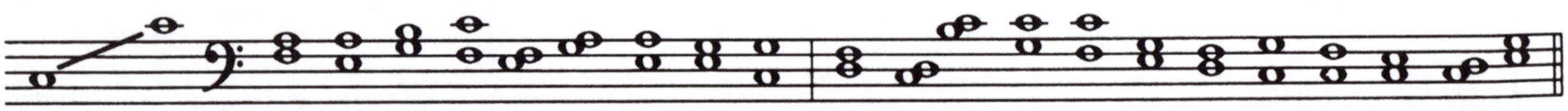

### RYTHME

*(Récapitulation)*

3 - 

## CHANT

## FORMATION AUDITIVE

*(Tous rythmes acquis)*

(1) *La pause peut être aussi le silence de toute mesure vide*

**CHANT**